A LA MÉMOIRE

DE

M. BRETAGNE

(ALEXANDRE-MARIE-AUGUSTE)

1806-1891

NANCY

IMPRIMERIE BERGER-LEVRAULT ET Cie

18, RUE DES GLACIS

1892

In 27
40917

Exemplaire de M.

A LA MÉMOIRE

DE

M. BRETAGNE

(ALEXANDRE-MARIE-AUGUSTE)

1806-1891

NANCY

IMPRIMERIE BERGER-LEVRAULT ET Cⁱᵉ

18, RUE DES GLACIS

1892

OBSÈQUES

DE M. BRETAGNE

Extrait du Journal l'Impartial *du 3 septembre 1891*

Dimanche dernier, une foule nombreuse et recueillie conduisait à sa dernière demeure M. Bretagne, directeur des contributions en retraite, président honoraire de la Société des restaurants économiques, secrétaire perpétuel de la Société d'archéologie lorraine, correspondant de l'Académie de Stanislas, membre de nombreuses sociétés savantes, chevalier de la Légion d'honneur.

C'est une perte pour notre cité que la mort de ce vieillard aimable, bienveillant, charitable, toujours prêt à aider son prochain, de sa bourse, de son influence ou de ses conseils.

Numismate et archéologue distingué, il aimait à pousser les jeunes gens dans cette voie féconde, et leur ouvrait tout grands les trésors de ses collections, de sa bibliothèque et de son érudition.

Ame généreuse, il avait été l'un des fondateurs de cette société des restaurants économiques qui rend de si grands services à la classe ouvrière à Nancy. La prospérité de cette œuvre a été, jusqu'à ses derniers jours, une de ses préoccupations et une de ses joies.

Pendant l'exercice de ses fonctions de directeur des contributions directes à Nancy (1859-1871), il a publié de nombreuses brochures sur la rénovation du cadastre et les abonnements généraux.

Ses idées neuves et pratiques, appliquées avec grand succès dans la Meurthe par un géomètre distingué, sont en voie de devenir d'une application générale et de passer en force de loi.

Cet homme de bien s'est éteint le 27 août, dans sa 86ᵉ année. Un de ses élèves les plus distingués, le compagnon de ses excursions archéologiques, son ami, M. Léopold Quintard, vice-président de la Société d'archéologie lorraine, a prononcé sur sa tombe les paroles suivantes :

« Messieurs,

« C'est au nom de la Société d'archéologie lorraine que je viens dire un suprême adieu à son regretté secrétaire perpétuel. Tous nous avons connu M. Bretagne, tous nous l'avons apprécié et aimé.

« Dès son arrivée à Nancy en 1859, l'aménité de son caractère lui avait immédiatement conquis les sympathies de chacun, et, pendant les trente-deux années qu'il a passées parmi nous, il n'eut, on peut le dire, que des amis.

« Reçu membre de la Société d'archéologie le 11 juillet 1859, il n'a pas cessé depuis d'en faire partie, et fut élu secrétaire perpétuel en 1888.

« Ses goûts l'attiraient vers l'archéologie et la numismatique ; aussi consacra-t-il ses loisirs à publier sur ces matières un grand nombre de notices justement estimées. Il aimait aussi à encourager la jeunesse dans cette branche d'études, et il mettait libéralement à sa disposition les livres de sa bibliothèque et les richesses de son médaillier.

« M. Bretagne conserva jusqu'à un âge avancé

toute sa vigueur intellectuelle et physique, mais le chagrin qu'il éprouva par la perte de deux fils d'abord, puis de Mme Bretagne, ébranla profondément cette nature d'élite et si fortement trempée.

« Homme de convictions sincères, il envisageait la mort avec sérénité, et, puisant dans ses sentiments religieux une consolation à sa douleur, il parlait sans crainte du moment où il irait retrouver ceux qu'il avait aimés et perdus.

« Puisse le souvenir de sa bonté et les regrets de tous ceux qui l'ont connu, adoucir la douleur de sa famille! Adieu, cher collègue; adieu, cher ami, adieu! »

LETTRE

DE

L'ACADÉMIE DE STANISLAS

Monsieur,

Tous les membres de l'Académie de Stanislas ont vivement ressenti, avec vous, la grande perte que vous avez faite récemment. Ils n'ont pas oublié le temps où Monsieur votre père assistait assidûment à nos séances.

Tous reconnaissaient en M. Bretagne un savant archéologue et un numismate éminent, et savaient combien il avait été un administrateur distingué.

Se faisant l'interprète des regrets de la Compagnie, dans sa séance d'hier, M. le Président a rappelé tous ces titres de M. Bretagne, sans oublier son affable bienveillance ni la haute initiative qu'il a prise dans notre département pour les abornements généraux.

L'Académie tient à ce que l'expression de ses

sentiments de condoléance soit transmise à la famille de M. Bretagne.

Je suis heureux d'être près de vous, Monsieur, son interprète.

Veuillez le croire et recevoir, Monsieur, l'expression de mes sentiments les plus distingués.

Le Secrétaire perpétuel,
Jules LEJEUNE.

NOTICE NÉCROLOGIQUE

PAR

M. GUYOT

Président de la Société d'archéologie, Professeur à l'École forestière de Nancy

---

Le 30 août 1891, une nombreuse assistance suivait les obsèques de M. Alexandre-Marie-Auguste Bretagne, chevalier de la Légion d'honneur, ancien directeur des contributions directes, associé-correspondant de l'Académie de Stanislas, secrétaire perpétuel de la Société d'archéologie lorraine.

On nous permettra de revenir avec plus de détails sur la vie de M. Bretagne, afin de préciser les principaux traits de sa physionomie vive et spirituelle que les glaces de l'âge n'avaient point altérée. Bien que l'objet de cette notice soit principalement de rappeler aux archéologues lorrains la mémoire de leur secrétaire perpétuel, nous estimons pourtant que nous devons mentionner également toutes les branches d'activité d'une carrière si bien remplie, ne fût-ce que pour arriver à une expression plus véridique et plus sûre du caractère et des talents de notre regretté confrère.

Il était né à Rocroi, en 1806, d'une famille originaire du comté de Bourgogne, et fixée dans le pays ardennais vers le milieu du xvie siècle. Ses études faites au collège de Charleville, il entra dans l'administration des contributions directes en 1828, et pendant quarante-trois ans remplit avec honneur les différents grades de ses fonctions, jusqu'au poste éminent de directeur, qui lui fut confié en 1853. Bien que les exigences de la vie administrative aient forcé M. Bretagne à accepter des résidences souvent fort éloignées, telles que Mende, Le Puy, Auxerre, la Lorraine demeura sa province d'élection, et toujours il tendit à revenir au pays natal, dans lequel il put s'installer définitivement en 1859.

Depuis longtemps déjà le goût des études archéologiques l'avait saisi, pour ne plus le quitter. Ce fut surtout pendant un double séjour qu'il fit à Épinal, d'abord comme contrôleur, puis comme inspecteur, de 1842 à 1849, que l'amour des collections, et principalement de la numismatique, lui fut heureusement inculqué par un ami avec lequel il demeura toujours étroitement lié : M. Laurent, alors conservateur du Musée des Vosges, collectionneur habile aussi bien que savant distingué, exerça sur M. Bretagne une profonde influence. Même désir de posséder les objets antiques, même patience et même tact pour la découverte, même hardiesse dans les acquisitions ; toutes les joies, les inquiétudes, les déceptions et les triomphes du chercheur furent éprouvés par les deux émules ; tellement que plus tard, rattaché à Nancy par de nombreux liens, notre confrère gardait toujours une grande sollicitude pour ce Musée des Vosges, qui lui rappelait d'heureux souvenirs de jeunesse et ses débuts dans la carrière.

Lorsque ensuite M. Bretagne fut nommé à Laon (1849-1853), nous ne nous étonnons point de le voir au nombre des fondateurs de la Société archéologique de cette ville, dont il enrichit le Musée par des fouilles très fructueuses. Grâce à ses courses de contrôleur, il se tenait constamment au courant des découvertes faites dans le pays, et savait ainsi déjà faire servir à la satisfaction de ses goûts artistiques l'exercice le plus ponctuel de ses fonctions administratives. Ce fut aussi l'époque de ses premières publications, accueillies avec faveur par la *Revue numismatique*, et dès lors il ne cessa plus, à côté de ses occupations professionnelles, de réserver une bonne part de son temps aux recherches archéologiques et à l'augmentation de ses collections ; heureux partage, qui loin de nuire à ses fonctions, lui permit au contraire, en variant ses sujets d'études, de se rendre plus utile et de fournir de plus nombreux travaux.

Il ne nous appartient pas ici de dire ce que fut le directeur des contributions directes pendant les douze années (1859-1871) de son séjour à Nancy. Toutetefois, nous ne pouvons passer sous silence une remarquable étude sur le *Cadastre et les abornements généraux*, résumé de publications antérieures, qu'il fit paraître en 1870, et qui forme pour ainsi dire le testament du fonctionnaire, l'expression la plus complète de ses idées sur une amélioration féconde dont il fut le promoteur. On sait quelles graves questions se rattachent à la confection du cadastre, dont les communes françaises sont toutes dotées depuis 1850, mais dont le renouvellement s'impose, de plus en plus nécessaire. Que sera le nouveau cadastre? n'aura-t-il pour but que de reproduire l'ancien, en transcrivant le résultat des mutations intervenues; ou bien deviendra-t-il le livre foncier de la propriété rurale, pouvant servir de titre en justice, tenu sans cesse à jour au fur et à mesure des réunions et des divisions de parcelles? Quel que soit le parti qu'on prenne à ce sujet, il importe au plus haut point que les « remembrements » s'opèrent, promptement et économiquement. C'est ce qui devient possible, facile, en suivant le procédé que préconise M. Bretagne. Une commission communale, élue par les propriétaires intéressés, surveille l'opération confiée au géomètre, tranche les difficultés ou en poursuit la solution devant la justice; elle arrête les limites des cantons et vérifie les titres des parcelles; elle rectifie les périmètres par trop irréguliers; elle dote chaque canton de chemins d'exploitation, si utiles dans nos campagnes morcelées où les innovations sont à peu près impossibles par suite de l'assolement triennal; elle met enfin obstacle aux procès sur les limites, en réglant une fois pour toutes les dimensions de chaque parcelle. Ces abornements généraux ont fait déjà leur preuve dans la région de l'Est; il est à souhaiter qu'ils deviennent de plus en plus fréquents, dans l'intérêt de nos populations rurales; une loi projetée, qui sans doute ne tardera pas à être votée, doit faciliter encore cette extension, que M. Bretagne appelait de tous ses vœux, et dont il ne sera que juste de lui attribuer le principal mérite.

Au milieu de ces occupations fécondes, l'heure de la retraite avait sonné : heure critique, redoutée de la plupart des fonctionnaires, qui, privés tout à coup du travail régulier qu'une longue habitude a rendu nécessaire, ne savent plus que faire de leurs tristes journées et succombent bientôt sous le poids d'un invincible ennui. Mais M. Bretagne ne connut pas ces misères; il avait trop de vigueur morale pour se laisser ainsi abattre, et rien ne lui fut plus facile que de donner un nouvel aliment à son activité. D'abord il retrouvait l'archéologie, amie fidèle, qui ne lui marchanda point ses faveurs ; ensuite il put heureusement s'appliquer à doter Nancy d'une institution éminemment utile, en concourant pour une large part à la fondation de la Société des restaurants économiques. Depuis 1870, Nancy est devenue une ville industrielle, et l'agglomération factice de ces milliers d'ouvriers transplantés presque tous dans des conditions particulièrement pénibles, crée de nouveaux devoirs à tous ceux qui ont à cœur l'amélioration des classes laborieuses ; c'est la question sociale qui se présente ainsi sous ses divers aspects, et l'intérêt de la société aussi bien que la morale chrétienne prescrivent d'assurer à l'ouvrier, non seulement un salaire suffisant pour ses besoins, mais de plus une nourriture saine, un logement salubre, tous les avantages dont il jouirait, s'il était resté aux champs, et si l'usine n'avait pas rompu les conditions normales de la vie de famille. L'essai des restaurants économiques fut tenté dans un hangar de la rue Saint-Léon, et les débuts furent assez pénibles ; maintenant quatre beaux bâtiments, dans autant de quartiers de la ville, affirment un succès qui chaque année va grandissant. Ce succès fut une des grandes joies de M. Bretagne ; il ne négligeait rien pour attirer des adhérents à son entreprise, et l'un de ses moyens de propagande, qu'il jugeait infaillible, consistait à emmener ses amis au restaurant le plus proche, pour leur faire goûter la soupe de ses protégés.

Cette période de vingt ans (1871-1891) fut aussi celle de ses publications archéologiques les plus nombreuses ; la plupart se trouvent insérées dans nos *Mémoires* et pour ce motif il me semble inutile de les étudier en détail. On remarquera, dans la liste que nous en donnons à la fin de la notice, qu'elles ne sont pas exclusivement consacrées à la numismatique, mais qu'elles embrassent aussi d'autres sujets variés : ainsi la description du reliquaire de Saint-Nicolas-de-Port (1873) et la monographie de l'église de Vézelise (1879). La plupart de ces travaux sont illustrés de planches, auxquelles M. Bretagne attachait une grande importance ; s'il n'eût tenu qu'à lui, elles eussent été plus nombreuses encore, et les finances de la Société ne permettaient jamais d'accorder à son gré des crédits assez larges pour ces représentations d'objets anciens, qui parlent aux yeux bien plus éloquemment que la description la plus complète. Non content de travailler lui-même, il savait, comme l'a si bien rappelé M. Quintard, inculquer le feu sacré à tous ceux auxquels il reconnaissait quelque goût pour les choses anciennes ; il était particulièrement satisfait de lancer les jeunes gens dans la carrière archéologique, et si notre Société compte encore un bon nombre de chercheurs ardents et convaincus, c'est en grande partie à M. Bretagne que nous sommes redevables de cet heureux résultat.

Cependant la vieillesse était venue pour notre laborieux confrère, qui demeurait notre doyen à tous. Pour beaucoup, la vieillesse est le signal du détachement complet, tout au moins de l'indifférence ; il n'en fut pas ainsi pour M. Bretagne à l'égard de notre Société. En 1888, les fonctions de secrétaire perpétuel étant vacantes, il fut décidé de nommer un successeur au regretté Ch. Laprevotte : M. Bretagne réclama cette dignité et ne cacha pas son vif désir de l'obtenir. Avec une modestie qui seyait bien à ses cheveux blancs, il reconnaissait volontiers que son grand âge l'empêcherait sans doute de remplir effectivement ces fonctions ; mais c'était à ses yeux le couronnement de toute une vie, la récompense de travaux poursuivis pour l'ancienne Lorraine pendant plus d'un demi-siècle ; ses confrères furent heureux de lui donner cette satisfaction dernière, à laquelle il se montra fort sensible.

Jusqu'à la fin il voulut assister à nos séances, et presque toujours il arrivait le premier, s'appuyant sur le bras d'un ami, heureux de se promener sous notre belle galerie, et jetant en passant un coup d'œil satisfait sur nos collections, qu'il avait le droit de considérer un peu comme siennes. S'intéressant d'ailleurs à toutes les questions qui concernaient la Société et le Musée, prenant parti vivement, s'emportant même avec ardeur dès qu'il arrivait à saisir un de ses sujets favoris, et plus jeune de tempérament que beaucoup de ses jeunes confrères, tel nous avons vu M. Bretagne il y a quelques mois à peine, tel son souvenir demeurera parmi nous. A notre dernière réunion, avant les vacances, il fut donné lecture d'un travail dans lequel l'auteur, passant en revue les principaux monuments de Nancy, fut amené à parler des collections lorraines, et à mentionner la collection Bretagne, aussi remarquable par sa variété que par le choix judicieux des pièces qui la composent : à cet éloge mérité, on vit le vieil archéologue relever la tête et son œil briller de plaisir ; rien ne pouvait lui être plus agréable que cet hommage rendu à son discernement d'artiste et à ses longs efforts.

Et maintenant, que va-t-elle devenir, cette collection si amoureusement formée, les émaux rares, les monnaies, les médailles, les bijoux gallo-romains et francs, toute cette histoire de vingt siècles de notre pays ? Elle sera, nous n'en doutons pas, conservée avec un soin pieux, et restera toujours libéralement ouverte à ceux qu'intéresse le passé artistique de la Lorraine. Quel que soit son avenir, déjà elle aura donné à son maître, jusqu'à ses derniers jours, ses plus délicates, ses plus précieuses jouissances. De telles distractions lui étaient bien nécessaires, car depuis dix ans toute une série de deuils étaient venus attrister sa vie. Deux fils, l'un et l'autre déjà parvenus à un grade élevé dans la carrière administrative, lui furent successivement enlevés; un neveu, son enfant d'adoption, capitaine d'infanterie de marine, succomba au Sénégal, victime du climat tropical; enfin la compagne dévouée de près de soixante années, la mère inconsolée dont les soins assidus n'avaient pu triompher de l'implacable mal auquel elle avait disputé ses fils, s'éteignit la première. Il restait à M. Bretagne un troisième fils, notre excellent confrère, contrôleur principal des contributions directes, fixé dans notre ville par un heureux mariage, entourant son père de cette sollicitude dont les vieillards ont tant besoin, et des petits-enfants qui venaient réjouir les derniers jours de leur aïeul. Ce sont là des compensations dont il sentait toute la valeur et dont il pouvait à bon droit remercier la Providence. Aussi, lorsque la mort vint le prendre, doucement et sans secousse, il sut lui faire bon visage et terminer dignement une longue existence vouée aux plus nobles occupations de l'administrateur et du savant.

Ch. GUYOT.

(Extrait du *Journal de la Société d'archéologie lorraine*.)

Liste des principales publications de M. Bretagne.

Denier de Robert II, frappé à Soissons (*Revue numismatique*, 1853).
Tiers de sou d'or du roi Clotaire II (*Eod. loc.*, 1854).
Monnaie de Raoul II de Coucy (*Eod. loc.*, 1854).
Tiers de sou d'or du roi Childebert II (*Eod. loc.*, 1855).
Denier du roi Henri 1er, frappé par l'abbaye de Saint-Médard (*Eod. loc.*, 1855).
Tiers de sous d'or inédits (*Revue numismatique belge*, 1857).
Éclaircissements sur la monnaie féodale d'Auxerre (1856).
Variété inédite d'un denier de Charlemagne (*Revue numismatique*, 1857).
Recherches sur les peignes liturgiques (*Mém. de la Société d'Archéologie lorraine*, 1860, p. 158-180). — Mention honorable de l'Académie des inscriptions et belles-lettres au Concours de 1861.
Représentation d'Hercule, vainqueur des géants, dans le nord-est de la Gaule (*Eod. loc.*, 1863, p. 5-12).
Bail de la monnaie de Château-Renauld (*Revue numismatique*, 1865).
Réflexions sur les abornements généraux (1867).
Le Cadastre et les abornements généraux (1870).
Le Reliquaire de Saint-Nicolas-de-Port (*Mém. de la Soc. d'Arch.*, 1873, p. 330-367). — Cet ouvrage a valu à son auteur une médaille d'or de l'Empereur d'Autriche.
Découverte de monnaies lorraines à Sionviller (*Eod. loc.*, 1874, p. 366-385).
Notice sur les poids antiques (*Eod. loc.*, 1876, p. 337-345).
Médaille de Renée de Bourbon, duchesse de Lorraine (*Eod. loc.*, 1878, p. 46-59).
L'église de Vézelise (*Eod. loc.*, 1879, p. 160-180).
Inscriptions métalliques sur les édifices publics des Leuci, à l'époque gallo-romaine (*Eod. loc.*, 1880, p. 37-46).
Monnaie, sceau et plaque de foyer de Diane de Dommartin (*Eod. loc.*, 1881, p. 262-272).
Monnaies gauloises inédites de Strasbourg (*Eod. loc.*, 1882, p. 311-316).
Description d'un laraire antique, trouvé à Naix (*Eod. loc.*, 1883, p. 370-376).

Notice sur une trouvaille de monnaies lorraines des xiie et xiiie siècles (à Saulxures-lès-Vannes), avec la collaboration de M. Emm. Briard (*Eod. loc.*, 1884, p. 385-437).

Médaille de saint Livier, de 1623 (*Eod. loc.*, 1889, p. 63-83).

Le Bras-reliquaire de Mairy (Ardennes), avec la collaboration de M. le docteur Vincent, de Vouziers (Reims, 21 p., 1890).

Liste des Sociétés savantes dont était membre M. Bretagne.

Société d'agriculture des Ardennes (du 21 mars 1842). — Société académique de Laon (24 avril 1851). — Société pour la conservation et la description des monuments historiques de France (du 8 juin 1851). — Société d'agriculture, sciences et arts de la Lozère (du 10 juillet 1853). — Société royale de numismatique à Bruxelles (du 6 juillet 1856). — Société des sciences historiques et naturelles de l'Yonne (du 5 avril 1857). — Société d'Archéologie lorraine (du 12 juillet 1859). — Académie de Stanislas (Associé-correspondant du 2 mars 1862). — Institut G.-D. de Luxembourg, section historique (du 23 octobre 1862). — Académie nationale de Reims (janvier 1875).

NOTICE NÉCROLOGIQUE

PAR

M. ROUYER

DIRECTEUR DES POSTES EN RETRAITE

L'un des doyens de la numismatique, et, bien probablement, le doyen des numismates français, M. Alexandre-Marie-Auguste Bretagne, ancien collaborateur de cette *Revue,* est décédé à Nancy, le 27 août dernier, à l'âge de quatre-vingt-six ans.

Notre regretté confrère était né à Rocroi, département des Ardennes, le 12 mai 1806. Il entra comme surnuméraire, en 1825, dans l'Administration des contributions directes, où nous le voyons, à tour de rôle, conquérir tous les grades que lui valait son travail, et parvenir, dès 1853, au poste éminent de directeur de département, qu'il occupa successivement à Mende, au Puy, à Auxerre, puis à Nancy, où il comptait bien, comme il le fit, se fixer définitivement. Il avait été appelé à la résidence de Nancy en 1859, et c'est là que ses bons services lui méritèrent enfin la décoration de la Légion d'honneur, qui lui fut décernée par décret impérial du 25 juillet 1866; c'est là aussi qu'il fut admis, en 1871, à faire valoir ses droits à la retraite.

Nous voudrions citer ici toutes les résidences où sa carrière l'avait appelé, parce qu'il n'y en a peut-être eu aucune où son action ne se soit pas fait sentir au point de vue des recherches numismatiques ou archéologiques : c'est que, si Alexandre Bretagne avait à cœur de s'acquitter de ses fonctions avec tout le zèle et le dévouement possibles, il ne tenait pas moins, d'autre part, à ne pas gaspiller en de frivoles distractions les quelques heures de liberté que ces fonctions devaient lui laisser. Aussi peut-on dire qu'il n'était pas plus tôt dans une nouvelle résidence, qu'il ne se fit recevoir des sociétés dans la constitution desquelles les études archéologiques pouvaient tenir quelque place ; et si, dans la ville qu'il habitait, la démolition de quelque vieille construction ou quelque fouille de terrain était entreprise, on pouvait être certain de le rencontrer sur les lieux, interrogeant les ouvriers, suivant les coups de leurs pioches, ne négligeant et n'épargnant rien pour se procurer les trouvailles qu'ils venaient à faire, soit en vieilles monnaies, soit en d'autres objets d'antiquité à l'étude desquels l'art ou l'histoire, mais l'art surtout, pouvaient trouver leur compte. Tel fut, dans toutes ses résidences, Alexandre Bretagne ; mais, c'est particulièrement à Nancy que trente années de cette vie, développée encore dans les derniers temps par l'absence d'occupations bien sérieuses, lui avaient acquis un renom qu'il n'eût plus été le maître de modérer. Les terrassiers de l'ancienne capitale de la Lorraine n'oublieront de longtemps ce vieillard de haute taille, aux cheveux de neige, à la physionomie bienveillante et sympathique, qu'ils ont vu tant de fois à leur côté, et qu'ils auraient pu prendre, par son assiduité, pour le spectateur obligé de leurs travaux. On n'imagine, au surplus, que difficilement quels trésors de curiosités précieuses le persévérant archéologue est parvenu à amasser ainsi, sans compter les achats heureux chez les orfèvres et les marchands d'objets de rencontre, non plus que les occasions de mille autres sortes qu'il a su mettre à profit, ce qui lui a permis de former comme un musée en miniature où l'on ne sait qu'admirer le plus, du goût avec lequel les éléments en ont été réunis, ou de la valeur de ces éléments mêmes. Et vraiment, s'il y a une bonne étoile pour les chercheurs, on peut bien affirmer que le nôtre était né sous l'influence de cette étoile-là. Ainsi, par exemple, M. Bretagne prenait-il plaisir à raconter comment était venu dans sa collection le fameux denier du sire de Coucy, Raoul II (1242-

1250), la première monnaie des dynastes de cette race qui ait été signalée et publiée, sans que le nombre en ait pu être bien augmenté depuis. Ce fut par un beau jour de 1851, alors qu'il était inspecteur à Laon, qu'il vit revenir du collège un de ses trois bambins, âgé de huit ans, muni de ce précieux butin qu'il avait obtenu par échange d'un condisciple moins expert. Évidemment l'enfant ne pouvait se rendre compte d'une manière bien lucide de l'importance du marché par lui conclu, mais il ne doutait pas de cette importance, et les appréciations de son père ne firent que le confirmer dans la pensée qu'il était dans le vrai.

Le magnifique *double royal* d'or du comte de Hainaut Guillaume III, conservé aujourd'hui dans les collections de l'État belge, et que M. Chalon, en le publiant en 1854[1], considérait comme la plus pesante en ce métal et peut-être la plus belle de toutes les monnaies belges du moyen âge alors connues, provient d'une découverte de M. Bretagne.

Une autre de ses bonnes fortunes, que nous ne pouvons pas non plus, tout en voulant être court, passer sous silence, est la découverte qu'il fit, durant sa résidence au Puy, d'une des enseignes en plomb, émanées, au XIIe siècle, de la *Confrérie des Chaperons*

---

1. 2e Supplément aux *Recherches sur les Monnaies des comtes de Hainaut*, p. LXXI.

blancs, dont les statuts, sorte de *Trêve de Dieu,* avaient, comme chacun le sait, été solennellement jurés au Puy, en 1182 [1]. Heureusement, cette précieuse relique n'a pas été perdue pour le lieu d'origine, étant passée, par voie d'échange, dans la collection de M. Aymard, archiviste du département de la Haute-Loire, qui l'a publiée dans le *Compte rendu du Congrès scientifique de France, 22ᵉ session, tenue au Puy en 1855* [2].

Le *Répertoire des Sources imprimées de la Numismatique française,* de MM. Arthur Engel et Raymond Serrure, recueil dont l'éloge n'est plus à faire pour la justesse des vues et l'utilité, donne la désignation de vingt-trois notices dues à la plume d'Alexandre Bretagne, de 1850 à 1884, et qui ont paru, pour la plupart, dans des revues de numismatique ou d'archéologie. Ces notices sont généralement assez courtes, mais elles sont, toutes, très nourries et très substantielles, et elles ont eu presque toutes pour point de départ quelque heureuse trouvaille de l'auteur : monnaies gauloises ; superbe tiers de sou d'or au nom du roi Clotaire II, et autres triens mérovingiens ; deniers des Carolingiens ou des premiers Capétiens ; florin d'or, unique, d'un prince d'Achaïe

---

[1]. *Ordonnances des rois de France de la troisième race*, à la préface du tome Iᵉʳ, rédigée par DE LAURIÈRE, p. XXIX.
[2]. Deuxième volume du compte rendu pour la même année. Cette enseigne, d'un style si remarquable, a été publiée pour la seconde fois, d'après les notes de M. Aymard, dans la préface des *Médailles religieuses du Pas-de-Calais*, par L. DANCOISNE, p. 20.

de la maison d'Anjou (1333-1364); monnaies féodales de tous temps, parmi lesquelles celles de la Lorraine et des Ardennes, les pays de ses préférences, tiennent naturellement la place la plus considérable. Le Répertoire Engel et Serrure se trouvant aujourd'hui aux mains de tous les amateurs sérieux de la numismatique, nous devons, pour les détails, nous borner à y renvoyer ceux de nos lecteurs qui désireraient être mieux renseignés sur les travaux d'Alexandre Bretagne relatifs à cette science. Nous préférons donner la liste, qu'il est moins aisé de rencontrer, des autres principaux de ses travaux qui ont également vu le jour par l'impression. Cette liste fera mieux connaître notre confrère et démontrera une fois de plus, à l'encontre de préjugés malheureusement trop répandus, que l'homme que distinguent ses aptitudes en numismatique peut bien faire preuve de qualités non moins essentielles en traitant des autres sujets dont il lui convient de s'occuper.

I. — *Quelques recherches sur les peignes liturgiques.* (*Mémoires de la Société d'Archéologie lorraine*, 1860, 23 p. et 2 pl.)

Savante étude dans laquelle l'auteur a publié, entre autres, les peignes liturgiques de saint Loup, archevêque de Sens, et de saint Gauzlin, évêque de

Toul, pour ne citer ici que les plus remarquables ; signalée dans une récente publication de la Société d'archéologie lorraine comme ayant obtenu en son temps une mention honorable dans les concours de l'Institut.

Rappelons, en passant, ce qui rattachera quelque peu notre sujet à la numismatique, le curieux méreau de plomb, provenant de l'évêché de Thérouanne, où l'on voit, au revers de la mitre épiscopale, un peigne liturgique brochant sur une crosse, entre un rasoir et des ciseaux, autres insignes d'ordination. L. Deschamps de Pas a publié ce méreau dans la *Revue belge de numismatique*, année 1871, pl. A, fig. 4.

II. — *Représentation d'Hercule vainqueur des géants, dans le Nord-Est de la France*. (*Mémoires de la Société d'Archéologie lorraine*, 1863, 8 p. et 1 pl.)

Mémoire bien connu, et qui, pour être déjà vieux, n'a rien perdu de son intérêt. Nous n'insisterons pas sur l'actualité qu'il a reprise, à la suite de la découverte, en 1878, du *monument de Merten*, si savamment étudié par M. Aug. Prost dans le *Bulletin de la Société des Antiquaires de France*, année 1879, p. 62.

III. — *Nouvelle étude sur le Cadastre et les abornements généraux, avec recherches historiques sur la constatation de la contenance des propriétés, depuis l'époque gallo-romaine jusqu'à nos jours*. Nancy, L. Wiener, éditeur.

In-8° de 135 p., avec 4 planches et un tableau hors texte.

Nous ne saurions mieux faire que de renvoyer à ce qui a été écrit, à propos de ce livre, par M. Ch. Guyot, président de la Société d'Archéologie lorraine, dans les quelques pages qu'il a consacrées à la mémoire de M. Bretagne.

IV. — *Le Reliquaire de Saint-Nicolas-de-Port.* (*Mémoires de la Société d'Archéologie lorraine*, 1873, 38 p. et 3 pl.)

Il s'agit du reliquaire en forme de bras, œuvre remarquable d'orfèvrerie au XV⁵ siècle, qui servait à conserver, dans l'église de Saint-Nicolas-de-Port, des reliques du saint évêque de Myre. A l'époque où ce chef-d'œuvre fut détruit, en 1792, il fut composé à son sujet, par le regretté Mory d'Elvange, devenu, deux ans plus tard, une des victimes de la Révolution, un mémoire savant et développé, demeuré très longtemps inédit. C'est ce mémoire que M. Bretagne a publié, en l'accompagnant d'observations historiques et archéologiques d'un intérêt marqué, ce qui lui a valu de la part de l'Empereur d'Autriche actuel, fidèle à son origine lorraine, la récompense, non moins flatteuse que méritée, d'une médaille d'or à l'effigie de ce souverain, ainsi qu'à sa devise : VIRIBVS VNITIS.

V. — *Notice sur des poids antiques.* (*Mémoires de la Société d'Archéologie lorraine*, 1876, 11 p. et 1 pl.)

M. Bretagne fait surtout connaître deux poids gallo-romains en pierre dure, exhumés dans les localités lorraines de Grand et de Naix, anciennes villes des *Leuci*.

VI. — *Extrait de l'Inventaire des richesses artistiques de la France, exécuté, pour le Diocèse de Nancy, sous la direction de Monseigneur Foulon. — L'église de Vézelise.* (*Mémoires de la Société d'Archéologie lorraine*, 1879, 20 p. et 2 pl.)

VII. — *Inscriptions métalliques sur les édifices publics des* Leuci *à l'époque gallo-romaine.* (*Mémoires de la Société d'Archéologie lorraine*, 1880, 12 p. et 2 pl.)

Superbes lettres en bronze, se rapportant à un sujet peu connu avant que le mémoire de notre ami eût été publié, et provenant bien évidemment d'inscriptions d'édifices publics. La plus belle, un grand R, dont aucune altération n'endommage la patine, a été trouvée à Naix, l'ancien *Nasium* des *Leuci;* elle mesure 33 centimètres de haut et ne pèse pas moins de huit kilogrammes et demi. Après avoir été longtemps la propriété de M. Dumont, ancien magistrat à Saint-Mihiel et archéologue très connu, elle a été libéralement offerte par ses héritiers au Musée historique lorrain, à Nancy, dont elle est un des ornements. On ne saurait trop encourager, par la publicité à leur donner, des offrandes aussi généreuses, et, disons-le, d'une semblable utilité pour l'étude des arts.

VIII. — *Description d'un laraire antique trouvé à Naix.* (*Mémoires de la Société d'Archéologie lorraine*, 1883, 9 p. et 2 pl.)

Ce laraire se composait de quatre objets en bronze : un petit autel et trois statuettes ou figurines, consistant en un génie ailé et en pied, une chouette montée sur piédouche, et un buste d'*Hygie*, ou de la *Santé*.

L'auteur du mémoire dont il s'agit ici, avait pu acquérir le tout du cultivateur qui en avait fait la trouvaille; et M. Ferdinand Bretagne, le seul des enfants du regretté défunt qui lui ait survécu, vient, en souvenir de son père, de faire don des quatre objets au Musée historique lorrain. Nous aurions déjà dû mentionner plus haut M. Ferdinand Bretagne comme étant le jeune fils de notre confrère à la sagace précocité duquel celui-ci avait dû de posséder le denier du sire de Coucy.

IX. — *Le Bras-reliquaire de Mairy (Ardennes)*, par A. Bretagne et H. Vincent. (*Extrait du tome 85 des Travaux de l'Académie de Reims*, année 1888-1889.)

Le tirage à part, *Reims, Imprimerie coopérative*, est

daté de 1890 ; il est composé de 21 pages in-8° et de 2 planches.

Les auteurs du mémoire ont su y faire ressortir toute l'importance du reliquaire qu'ils publiaient, travail d'orfèvrerie remontant au xiiie siècle, et très rare spécimen des œuvres de l'espèce qui ont survécu en France à la première Révolution. Le bras-reliquaire appartient encore aujourd'hui à l'église de la petite paroisse de Mairy, avec les parcelles d'ossements qu'il abrite depuis si longtemps, considérées comme provenant d'un saint du nom d'Hippolyte et de quelques-uns des saints Innocents.

Un travail de numismatique termine chronologiquement la nomenclature des productions imprimées d'Alexandre Bretagne ; et l'on trouve que c'est assurément justice quand on se rappelle que c'est à la numismatique qu'il avait dû ses plus nombreux et plus agréables délassements. La dernière pièce qu'il s'est ainsi attaché à faire connaître, dans une notice en trois pages, est une médaille de dévotion en étain, datée de 1623, à l'effigie de saint Livier, dont le culte a été et est encore l'objet des pèlerinages dans le pays messin. On sait combien sont rares, généralement, les médailles de dévotion datées de l'année où elles ont été fabriquées. Celle de saint Livier méritait bien qu'on la fit connaître, et c'est ce dont s'est acquitté M. Bretagne, en sa qualité de propriétaire de l'objet, dans le volume des *Mémoires de la Société d'Archéologie lorraine* afférent à l'année 1889.

La dignité de secrétaire perpétuel de cette même Société lui avait été décernée par ses confrères aux élections du 10 février de l'année précédente. Des titres de M. Bretagne, nous ne rappellerons que celui-là, outre celui d'associé étranger de la Société royale de numismatique belge, qui lui avait été conféré le 3 novembre 1856.

(Extrait de la *Revue belge de numismatique*, année 1892.)

Jules ROUYER.

NOTICE NÉCROLOGIQUE

PAR

M. COURNAULT

CONSERVATEUR HONORAIRE DU MUSÉE LORRAIN

La Société d'Archéologie lorraine vient de perdre, en la personne de M. Alexandre-Marie-Auguste Bretagne, son secrétaire perpétuel, mort à l'âge de 86 ans, à Nancy, le 27 août 1891. Passionné pour les études archéologiques, M. Bretagne avait su, par l'aménité de son caractère, s'entourer d'une élite de jeunes gens, auxquels il avait réussi à inspirer le goût des recherches et des travaux sur les antiquités de la Gaule-Belgique et de la Lorraine.

Directeur des contributions directes à Nancy, dès 1860, il voyageait souvent et rapportait toujours, au retour de ses excursions, soit des objets pour son cabinet, soit de précieuses indications dont il faisait profiter le Musée lorrain de Nancy. C'est à ses informations que ce Musée doit de posséder la belle lettre R trouvée à Nasium. Il avait pour ami et collaborateur, Laurent, conservateur du musée départemental

d'Épinal, auquel l'unissaient d'anciennes relations.
Aussi le musée d'Épinal ne lui était pas moins cher
que celui de Nancy.

Nous n'avons pu trouver trace des travaux de
M. Bretagne avant son arrivée à Nancy ; nous savons
cependant qu'il a publié quelque part un *Éclaircisse-
ment sur les monnaies féodales d'Auxerre* et une *Description
de quelques tiers de sol inédits*.

Voici la liste des articles qu'il a publiés à Nancy,
dans les *Mémoires de la Société d'Archéologie lorraine* :

1863. *Représentation d'Hercule vainqueur des géants,
dans le Nord-Est de la Gaule*. — Sous ce titre, M. Bretagne a étudié les groupes équestres de ce guerrier terrassant un monstre anguipède, que possèdent les musées de Nancy, d'Épinal, de Verdun, de Spire, etc. A cette époque on ne connaissait pas encore celui de Merten, aujourd'hui au musée de Metz, auquel M. Prost a consacré d'importants travaux qui semblent lui donner une attribution toute différente de celle adoptée par M. Bretagne.

1873. *Le Reliquaire de Saint-Nicolas*. — Ce bel objet d'art, qui put être conservé jusqu'à la Révolution dans l'église de Saint-Nicolas-de-Port, n'existe plus. Il était orné de gemmes et de camées dont les plus importants sont : l'Apothéose d'Hadrien, conservé à la bibliothèque de Nancy, et une Vénus du cabinet des médailles de Paris.

1874. *Découverte de monnaies lorraines à Sionviller.* — L'ensemble de ces pièces comprend la période comprise entre 1213 et 1220 : les ducs de Lorraine, Thibault Ier et Ferry III ; Bouchard d'Avesnes, évêque de Metz ; Gilles de Soray, évêque de Toul ; Jacques de Lorraine, évêque de Metz ; Henri II, comte de Luxembourg.

1876. *Notice sur les poids antiques.* — Courte dissertation sur deux poids antiques en diorite trouvés à Nasium et à Grand. Leurs rapports avec la livre de France, d'après Romée de l'Isle.

1878. *Médaille de Renée de Bourbon, duchesse de Lorraine, et jetons à la légende : « Da pacem, Domine, in diebus nostris. 1515-1539 ».* — M. Bretagne possédait de cette princesse une belle médaille d'argent du poids de 20 grammes, que l'on considère comme unique. Il joignit à sa description celle de trois jetons portant la même devise au revers.

L'Église de Vézelise. — Commencée en 1450, l'église de Vézelise fut terminée en 1520. Les remarquables vitraux qui garnissent les fenêtres offrent les portraits en pied, de grandeur naturelle, du duc Antoine et du cardinal Jean de Lorraine, évêque de

Toul. Les armoiries de quelques familles nobles rappellent les personnages qui firent des fondations ou furent enterrés dans l'église.

1880. *Inscriptions métalliques sur les édifices publics des Leuci à l'époque gallo-romaine, à propos d'un R trouvé à Nasium.* — Les nombreux monuments élevés dans la Gaule-Belgique ont été en grande partie détruits à l'époque des invasions des Germains ; aussi l'attention doit-elle se porter sur les moindres objets qui peuvent servir à constater leur existence passée. Telle est la lettre R en bronze, haute de 33 centimètres et pesant 8 kilogrammes et demi, qui fut trouvée à Naix, l'ancienne Nasium. Elle est conservée aussi au Musée lorrain. D'autres lettres venant de Grand témoignent de l'importance qu'avaient acquise ces deux villes. Malgré toutes les découvertes faites à Grand, le nom de la ville antique est encore ignoré.

1881. *Monnaie, sceau et plaque de foyer aux armes de Diane de Dammartin.* — La monnaie a été frappée à Fénétrange, dont Diane était en partie dame. Elle est d'une excessive rareté, sinon unique.

1883. *Laraire antique trouvé à Naix.* — Le laraire dont il est question se compose d'un petit autel en bronze, orné de rinceaux d'argent, d'une chouette en bronze, d'un buste d'Hygie et d'une statuette également en bronze représentant un amour ou plutôt un génie. Cet ensemble de figurines a été trouvé sous une petite voûte, aux environs de Naix. M. Bretagne ne s'est pas borné à la description des pièces du laraire, il a mentionné soixante-seize statuettes, ayant servi à composer des laraires, trouvées presque toutes aux environs de Naix ou de Grand.

Médaille de saint Livier. — Dans une courte notice, M. Bretagne a décrit une médaille ou enseigne du pèlerinage qui eut lieu, en 1623, à Virival, où se trouvaient le tombeau du saint et une fontaine miraculeuse.

Tels sont, avec quelques notes données au *Journal de la Société d'Archéologie,* l'ensemble des travaux de M. Bretagne. Tous ses articles sont accompagnés de bonnes lithographies.

Les séries numismatiques du cabinet de M. Bretagne sont nombreuses. Parmi les pièces gauloises, nous signalerons un statère de Vercingétorix ; parmi les romaines, un magnifique aureus de Septime-Sévère, au revers de la Naumachie ; les deux Gordien d'Afrique en argent. Un tiers de sou d'or inédit du Gévaudan. Les séries messine, touloise et verdunoise, ainsi que les suites française et baronnale, surtout lorraine, comptent de bonnes pièces qu'il serait trop long de citer. N'omettons pas les médaillons artistiques que M. Bretagne recherchait avec passion ; son goût délicat admettait aussi les gravures dans ses collections ; mais il les voulait d'excellents maîtres et il s'était surtout attaché à l'œuvre d'Edelinck.

Pour les objets de curiosité, il aimait particulièrement les bijoux, les pièces d'orfèvrerie et les émaux. Citons parmi ces derniers des fibules antiques, de belles croix processionnelles et des plaques de Léonard Limosin.

Ce bel ensemble d'objets d'art ne quittera pas la Lorraine. Il est devenu la propriété du fils de M. Bretagne, qui le conserve religieusement.

(Extrait de la *Revue française de Numismatique*.)

COURNAULT.

NOTICE NÉCROLOGIQUE

PAR

M. LAURENT
ARCHIVISTE DU DÉPARTEMENT DES ARDENNES

M. Bretagne (Alexandre-Marie-Auguste), directeur des contributions directes en retraite, né à Rocroi, le 12 mai 1806, est décédé à Nancy le 27 août 1891.

Il appartenait à une ancienne famille dont plusieurs membres occupaient, dès le XVIe siècle, des offices de judicature dans les Ardennes, à Attigny, Le Chesne, Omont, Mouzon, etc.

M. Bretagne a laissé de nombreuses publications, concernant surtout la Lorraine. La liste en a été insérée par M. Ch. Guyot, président de la *Société d'Archéologie lorraine et du Musée historique lorrain*, dans le *Journal* de cette Société[1], qui comptait M. Bretagne parmi ses membres les plus actifs.

---

1. 40e année, n°s 9 et 10, septembre et octobre 1891, pages 236, 237. Cette liste est précédée d'une bibliographie de M. Bretagne (p. 227-235).

Il a aussi fait paraître diverses brochures relatives à notre région :

Bail de la monnaie des terres souveraines de Château-Regnault (1625). — Paris, impr. Thunot, 1865 ; in-8° de 24 pages.

Baux de la monnaie de Charleville. — Paris, Arnous de Rivière, 1879 ; in-8° de 36 pages.

Le Bras-Reliquaire de Mairy (avec la collaboration de M. le docteur Vincent, de Vouziers).

Sa *Notice sur les poids antiques* (Nancy, Crépin-Leblond, 1876 ; in-8° de 11 pages) renferme des détails sur un poids gallo-romain trouvé à Voncq, et conservé aujourd'hui aux archives des Ardennes[1].

Il convient également de mentionner ses travaux sur *le Cadastre et les abornements généraux*, publiés en 1867 et 1870 (in-8°, Nancy, Collin et Wiener). M. Bretagne peut être considéré, à juste titre, comme l'un des promoteurs de la question du renouvellement du cadastre, qui est étudiée actuellement.

(Extrait des *Variétés historiques ardennaises*.)

Paul LAURENT.

---

[1]. Poids de 5 livres, en marbre, un peu usé, de forme ronde, ayant au centre le chiffre V en capitale romaine. Il pèse 1605 grammes, ce qui porte la livre romaine à 321 grammes.

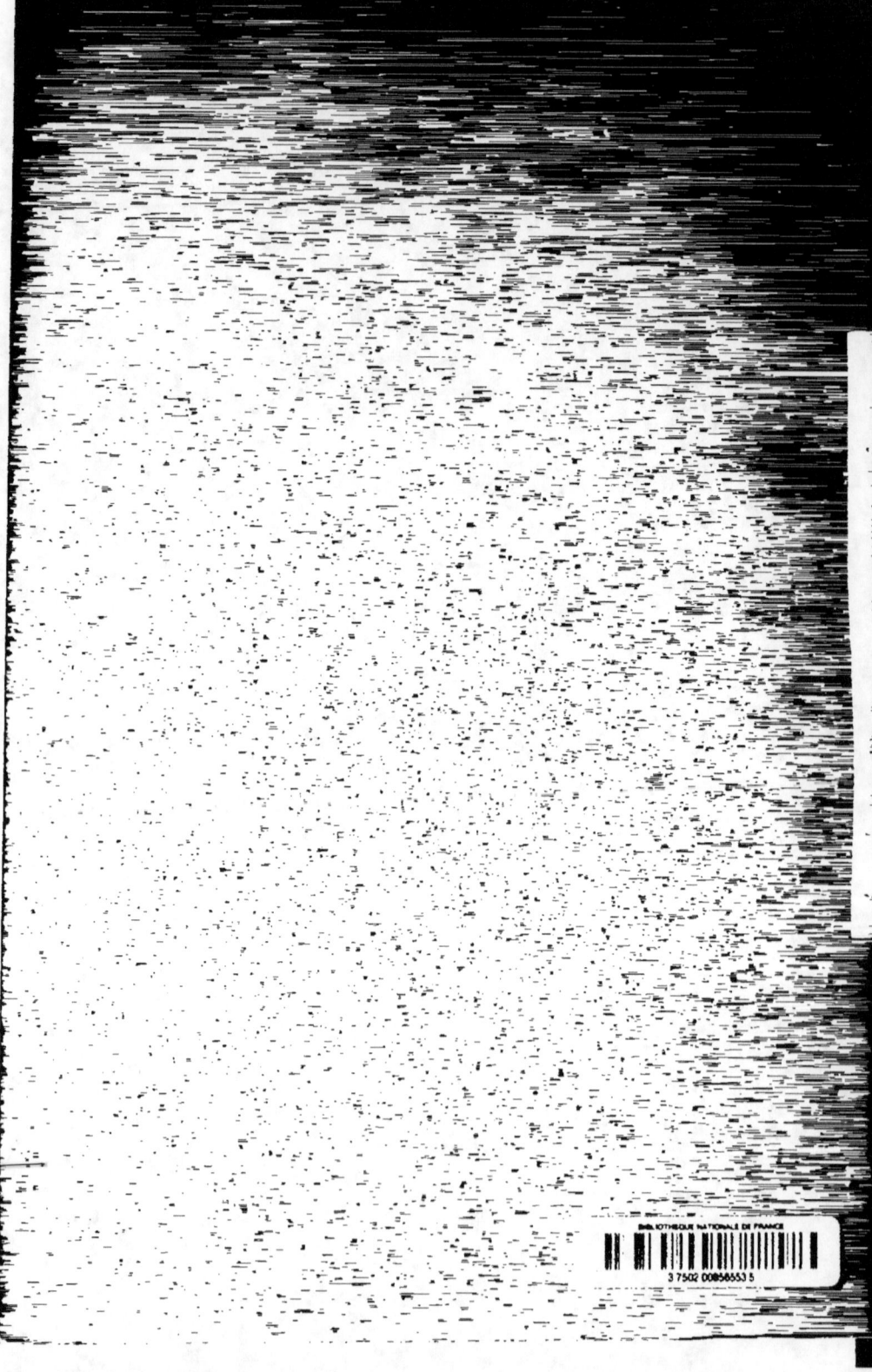

www.ingramcontent.com/pod-product-compliance
Lightning Source LLC
LaVergne TN
LVHW020044090426
835510LV00039B/1405